오름시인선·15

사랑은 별빛이다

오름시인선 · 15

사랑은 별빛이다

펴낸날 _ 2012년 9월 28일
지은이 _ 최송석
펴낸곳 _ 기획출판 오름
등록번호 _ 동구 제 364-1999-000006호
등록일자 _ 1999년 2월 25일
주소 _ 대전광역시 동구 삼성1동 122-2
전화 _ 042.637.1486
팩스 _ 042.637.1288
E-mail _ orumplus@hanmail.net

ISBN _ 978-89-90151-79-7

값 8,000원

사랑은별빛이다

| 최송석 시집 |

Orum Edition

| 시인의 말 |

시는 감동을 주어야 한다. 그리고 그 감동은 사람들의 삶을 즐겁게 하는데 보탬이 되어야 한다.

늘 시를 가슴에 품고 살아왔으나 독자의 가슴에 감동을 주지 못했다.

설익고 모자란 때문이다.

오래 전부터 느껴온 일이지만, 애써 출산한 작품이 오히려 활자공해가 된다면 어쩌나 걱정이 앞선다.

가을 언저리 · 87
산문(山門)에서 · 88
눈이 내리네 · 89
전라도 길 · 90

제5부

외출기 · 92
문학기행 · 93
산객(山客) · 94
꽃 · 95
산수유 · 96
꽃길에서 · 97
이팝나무 · 98
일몰 · 99
목척교 연가 · 100
산으로 들며 · 102
수통골 일기 · 103
이사를 하며 · 104
고추잠자리가 있는 풍경 · 105
코스모스 · 106
가을 잔영 · 107
마지막 · 108
한밭수목원 · 109
평설 | 사랑, 그 별빛과 가슴 속 빈자리의 울림 | 김용재 · 111

흔들리는 손 · 61
죽는 연습 · 62
묘역에서 · 64
하늘 한자락 · 65
달빛 창가에 · 66
변인(變因) 우울증 · 67
꽃잎 지는 날 · 68
거미줄 · 69
새벽 · 70
봄은 수런대며 일어서는 부활 · 71

제4부

우울증 · 74
악몽 · 75
구내염(口內炎) · 76
마네킹 · 77
풀잎배 · 78
풀잎을 위하여 · 79
비눗방울 · 80
놀이터에서 · 81
이렇게 좋은 날 · 82
봄 · 83
산방산(山房山)에서 · 84
새타령 · 85
별 · 86

몸살을 앓으며 · 36
횡단보도 · 37
바람 · 비 · 38
갈등 · 39
봄날은 간다 · 40
그늘에서 · 56
소낙비 · 41
고향에는 · 42
채송화 · 44
배롱나무 · 45
노을 · 46
들판에서 · 47
가로수 · 48
난(蘭) · 50

제3부

세월 · 52
기다림 · 53
긴 휘파람 스쳐가는 시간에 · 54
생명줄 · 55
병실에서(1) · 56
병실에서(2) · 57
수혈 · 58
이별 · 59
그 순간 · 60

■ 차례

제1부

이명(耳鳴) · 12
하늘 · 13
어떤 날 · 14
태(胎) · 15
민들레 홀씨 하나 · 16
비 · 17
물그림자 · 18
모래시계 · 19
베란다에서 · 20
가을 이미지 · 21
만년필 · 22
모음(母音) · 24
가을 비 · 25
초상화 · 26
내 안에 나무 하나 · 28
갈대 · 29
제야에 · 30

제2부

사랑은 별빛이다 · 32
바람 · 33
파도 · 34
거울 앞에서 · 35

망설임 끝에 네 번째 시집을 세상에 내놓게 되었다.

시가 내 삶의 한 부분이 된 것은 어쩌면 운명적인 것이다.

이제는 빈축을 사도 도리가 없다.

다만 '시란 무엇이며 왜 쓰는가'를 더욱 깊이 성찰하고 고민해 갈 것이다.

2012년 가을
최송석

제1부

민들레 홀씨 하나

이명(耳鳴)

미로처럼 아득한 길 걸으며
겹겹 세월 쌓인 늪을 벗어나지 못하고
귀는 스스로 울기 시작했다

얼마나 먼 길을 걸어온 것인지
가늠조차 희미한 지점에서
빛은 찬란히 쏟아지는데
내 귀는 자꾸만 어두워진다

속 깊은 물소리 바람소리
마음결에 빛과 어둠이 스쳐가는
소리의 섭리를 터득하는 그런 날 있을까

까만 어둠에 잠겨
허기진 욕망이 울고 있다

하늘

푸른 하늘이 아득하다
저기에 사다리 놓고 올라갈 수 없을까
흰 구름이 살고
구름 속엔 또 누군가 살 것 같은
유년의 하늘

편할 때는 무심히 지내다가
쓰리고 아프면 하늘을 부른다

하늘이 내려다보는 땅 위엔 내가 살고
삶의 끝 죽음 뒤엔 무한정 세월이
기다리고 있다는데
나는 무엇을 알아야 할지도 모른 채
슬픈 목을 늘이고 하늘을 본다.

어떤 날

생선회집 유리 상자에 갇힌
바다고기의 풀린 눈동자와
옆 골목길 기어가다 들킨 도둑고양이의
놀란 눈동자.

두 놈의 눈동자가 내게 달라붙어
서로 교차하면서 내 안의 또 다른 시선이
진종일 나를 붙잡고 놓지 않는다.

무슨 연유일까
눈동자의 역할은 모두 그런 것인데
각기 다른 두 놈의 눈동자가
가슴속으로 파고드는 게 참 이상하다.

태(胎)

아득한 공간에 생성된
작은 우주 하나

태초부터 점지된 터 위에
하늘빛이 내리고

처음 세상처럼 엄숙한 자리에
어리는 혼

생명은 신의 섭리를 풀고
탯줄로 내려와 빛을 잡는다

민들레 홀씨 하나

민들레 홀씨 하나
척박한 땅 돌 틈새에 뿌리박고
안개 서리는 꿈을 꾸다가
하늘을 보고
땅을 보고
스쳐간 바람의 흔적을 기억한다.

존재하는 모든 것 중
생명의 존립 의미를
얼마나 절실히 소망하며
서 있어야 하는 것인지

우연이 아닌 것만을 기억할 수 있다면
계절풍에 떠가는 자신을 어찌하랴.

작은 홀씨 하나
그 존립의 의미가 도시의 보도블럭 틈새에도
삶의 궤적을 남기고 있다.

비

비가 내리는 날은 한적하다

내리는 빗줄기는
지친 일상과
도시의 소음을 씻어 내리고
떨어지는 빗방울 소리
눈과 귀를 청명하게 한다

비 오는 날은
바람이 조금쯤 불어도 좋다
모두가 흔들리고 씻기다가
비가 그치고 나면
세상은 한결 정갈해 진다

내 몸에 스미는 카타르시스
가슴이 비에 잠긴다.

물그림자

바람이 지나간 사이
강은 산이나 나무들을
품에 안고 흘러간다

흐르는 물그림자
무너졌다 살아나고
다시금 살아났다 무너지는 허상을
강은 함께 안고 흘러간다

흐르는 강
가늠할 수 없는 깊이에
푸른 하늘이 드리워지고
그 위로 천천히
삶의 그림자도 지나간다.

모래시계

이미 설정된 한계상황이다
밀폐된 공간에서 작은 출구로
실존을 동반한 채 떨어져내려
소멸과 생성을 반복한다

모래알이 다 빠지고 난 다음
뒤집어 다시 흘러내리기 시작하는 모래시계는
새로운 시점에서
스스로 규범을 설정해 가며
반 자율의 작동을 의식한 채
공허한 지점으로 함께 흘러내린다.

베란다에서

베란다에 밤이 눈 떠 서성댄다
병원 치료 후에도 통증이 가시지 않는
왼쪽 가슴이 자꾸 저려오는데
지붕 위엔 스무하루 야윈 달이
제 몸을 저미며 걸쳐 있다

하늘에 뜬 별들을 눈여겨보면서
오늘처럼 별들이 가슴에 꽂힌 날을 기억해 본다
도시의 밤은 점점 불빛에 엉켜
마른 가슴에 달라붙는다.

가을 이미지

구절초 하얀 흔들림
바람에 뒤섞이고

저 석양, 온 세상에
제 삶을 태우는데

내 사랑은 나이 들어
눈물 잊고 익을까

만년필

내 심장으로부터 흐른 핏줄의 뜨거운 체온
손끝을 통해 교감하며
살아온 세월이 얼마인지 가늠할 수 있느냐
컴퓨터로 우주를 정복하는 시대에
너로 하여금 내 사유의 짐을 떠안게 하고
기어가는 언덕배기 인생을
증언해 온 흔적은 내 속에 가득하다

네 핏줄을 통해
그리움과 사랑을 기다리며
편지 한 장 쓰는 일이
지금은 얼마나 희귀한 일이냐
툭툭 치고 건드리면
빈 영혼이 춤을 추는 전자문자 시대에
우리는 얼마나 뒤쳐진
바보들의 행진을 계속하고 있는 것이냐

밤과 낮이 빠르게 교차하는 혼돈의 시대에
우리들의 만남은 얼마나 갈까
네 핏줄에 공급되는 핏방울마저

빈혈로 쓰러지는 불행한 날은 없을까
곰곰이 더 깊은 연민에 빠진다.

모음(母音)

가슴 저려 눈물 날 때
부르는 이름이다

기쁨 넘쳐 행복할 때
부르는 이름이다

나이 들수록 더 깊어져
속으로 부르는 이름이다

외롭고 답답할 때
마음으로 부르는 이름이다

보석같이 귀한 이름
죽어 영혼 되도록 불러볼 이름이다

가을 비

가로수 잎 떨구고
알몸인 채
늦가을 차가운 비 손이 시리다

내리는 빗방울
나뭇가지에 매달려
눈물지고
골목 길 따라
고단한 삶 속까지 적신다

빗발과 함께 차가운 바람
스산한 추위 몰아오고
시린 손 휑한 가슴에
다순 꽃송이 하나 그립다.

초상화

어머니는 늘 무한채무자였다.

모진 세월 어찌 말로 다 할 수 있으랴
그 일생 소설을 써도 여러 권이 될 터인데
항상, 예수님이 없었다면 삶은
벌써 거덜 났을 거라 하셨다.
제 나름대로 살아가는 자식한테도
걱정과 기도로 사셨다.

세상이 얼마나 살기 어려운 시대였나
머슴 부리며 농사처가 있어도 끼니를 거르던 시대,
전란으로 서로를 도륙하고 반목하던 이웃
빈곤과 피폐한 사회가 혈육마저 배반하던 시대에
집안과 이웃을 챙기는 데 빈틈 없으셨다.

자애로운 신은 그 손길 미치지 못하는 곳에
대신으로 어머니를 주셨다는데
시도 때도 없이 온갖 것 요구만 하는 자식들에게
어머니는 까맣게 탄 가슴까지 다 내어주셨다.

어머니는 산이시다 바다이시다
신이시다
내 안에 가슴 깊은 초상화 하나 걸려 있다.

내 안에 나무 하나

내 안에 나무 하나 서 있습니다
나뭇가지마다 나도 모르게 매달린
오색리본이 바람에 휘날립니다.

남 억울하게 하지마라
손가락질 받지 마라
욕심 부리지 말고, 겸손해야 한다
나무를 봐라
뿌리가 튼튼해야 잎이 푸르거늘
겉으로만 살지 말고 속 깊게 살아라.

아직도 나무는 서 있습니다
소망의 실천이 얼마나 어려운지
내 안에 도사린 부적(符籍) 같은 유산을
매일 펼치고 또 펼쳐봅니다.

하지만 절망은 아닙니다
깊은 땅 속 어둠이라도
배율(背律)의 돌덩이를 가리며
뿌리가 땅 속으로 내려갑니다
나무에 언제쯤 녹음이 덮일지 아직은 모릅니다.

갈대

흰머리 바람에 날리며
꽃이 되어 가을을 몰고 간다

화려하거나 찬란하지는 않아도
햇살보다 더 번득이는 몸짓으로
한 계절을 넘어서는 언덕에
안으로 차오르는 숨결을 가늠해 본다

그동안 스쳐간 바람과 시간들이
얼마나 깊은 사랑과 은밀한 언어로
나를 얼싸안고 울다 갔는지
머리가 희도록 생각에 잠긴다

제야에

공연히 서성이는 밤이다
깊은 회한 같은 응어리 겹쳐오는 밤이다

섣달그믐 어둠과 함께
머물렀다 떠나가는 것들은
바람뿐 만은 아닌데
돌이킬 수 없는 시간으로 떠나버린 것들은
모두 이별을 한다

고단했던 한 해가 세월의 갈피에 꽂히고
나이테 둘레에 또 하나 그림자
고적한 어둠 위로 눈 내리고
밤은 긴 소음과 함께 길을 접는다.

제2부

거울 앞에서

사랑은 별빛이다

사랑은 가슴 안에 둥지 틀고
우주로 향하는 동경(憧憬)이다

하얀 화선지에 물감 번지듯
사랑은 마음속에 번지는 핏줄이다

사랑은 참담한 절망에서나
뼈저린 고통에서나
눈물 맺히는 희열에서나
생명으로 흐르는 원류가 되어
속으로 파고드는 전율 같은 것

사랑은 아무런 형체도 없이
어둠을 딛고 일어서는 밤하늘 별빛이다.

바람

숨었다 나타나고, 나타났다 숨어버리는
바람은 살아 있는 영혼이다

하늘과 땅 사이
빈곳 하나 없이 꽉 차오르는 바람은
만나는 모든 것들을 생명으로 트이게 하고
생명은 바람을 만나
생성과 소멸을 반복한다

바람은 삶과 죽음의 존재를 넘어
빈곳을 채워가는 생명의 너울이다.

파도

비워도 비워도
차오르는 울음

어디서부터 시작된
몸부림인지
아무도 알 수 없는
망망한 세상에

파도는 제 몸을 뜯으며
하얗게 울고 있었다.

거울 앞에서

바람이 일고 있었다
잠잠하던 심장의 박동이 거칠어지면서
긴 강물이 흘러갔다
산맥처럼 주름진 세월의 자화상이
그 강을 따라가고
형체도 없는 그림자가 투명한 빛살로
나를 감금하고 있었다

간밤 꿈이 악몽이었나
언제나 깊은 산 계곡을 넘어서는
숨 가쁜 영혼이 되어 바라보는 강물
산을 기어오르다 덜친 상채기를 어루만지며
찬찬히 거울 앞에 손 내밀면
몸보다 더 큰 손이 달려들어 허공을 잡고
시간을 보듬는 거울 안에
휑한 두 개의 눈만 박혀 있었다.

몸살을 앓으며

안개 자욱한 허공에 떠
누적된 생애를 뒤적여보면서
깊은 몸살에 빠진다

몸이 꿈처럼 어디로 흘러가는지
몸살이 깊어질수록 육신은 가라앉고
아픔이 더 깊어질수록
더불어 살아온 모든 것들에 감사하게 된다

나이 들어 몸이 아프면
예사롭던 일상도 예사롭지 않게 되고
바람에 흔들리는 풀꽃 하나에도
유심이어라
작아진 마음을 기대본다.

횡단보도

빨간 불 파란 불이 교차하는 횡단보도
질서와 무질서가 함께 서성이는
타락한 도시의 율법

횡단선 앞에 머물러선 사람들
모였다 흩어지고 흩어졌다 모이지만
종래 각자 사방으로 흩어져야 할 길인데

무리에 끼어 옮기는 발길은
자의식을 상실한 채 끌려가는 도시의 문명
그 속으로 사라진다.

바람 · 비

바람이 분다
손에 잡히지 않는
바람자락에 묻어온
빗방울이
하얀 유리창에 매달려 울다
떨어지는 무게가
가슴을 누른다.

바람은 어디서 오고
빗방울은 누가 보내는지
그 진실을 말해줄 사람 있을까

바람에 춤추는 푸른 잎새
빗방울에 젖어 땅위로 번져가는
푸른 핏줄,
생명에 크고 작은 것은 없다

갈등

창틈으로 기어든 벌레 한 마리
방안을 헤매고 있다
놈에게 시선이 꽂히면서
속이 불편해 졌다
이놈을 손바닥으로 탁 쳐버릴까
비벼버릴까
쉽지 않은 갈등이 일어난다
한참 벌레를 따라 방안을 기어 다니다 보니
누가 누구를 쫓고 있는 것인지
전신이 피곤하다

창문을 활짝 제친다
멍한 눈에 하늘만 높다.

봄날은 간다

꽃잎 떨어져 땅에 눕는다
바람이 스친다
대지의 생명들이 초록으로 변해 갈 때
우울증도 안정되리라

누워버린 꽃잎의 무게를
대지는 어떻게 가늠을 할까
생각하고 생각하는 동안
꽃잎 다 지고 봄날은 간다

소낙비

창 앞에 매미 날아와
한참을 울다 갔다

바람 일고 구름 몰리더니
삽시간에 소낙비가 쏟아진다

퍼붓는 빗줄기 사이 번갯불 찍히면서
하늘이 벼락을 쳤다

깨끗해진 서쪽 하늘에
주홍빛 물들었다

내 삶에 소낙비 한줄기
짐짓 기다려 본다

고향에는

햇살 안개처럼 내리면
지평선 아물거리는 들판에
아버지의 고단한 역사가 자운영 꽃이 되어
붉게 피었다.
자운영 꽃이 피면 들판에는
물고 싸움에 밤을 지새우며 허기진 시간을 붙잡고
까마득한 가을을 기다리는
일손들 언제나 바쁘고 고달팠다.

모내기 한창일 무렵
마을엔 으레 보릿짚 때는 굴뚝 연기
아욱된장국 들밥 나르는 어머니도
정신없이 바빴다.

철없는 애들은 봇둑 버드나무 고목 위
새알 훔쳐다 구어 먹고
물뱀을 잡아 길 복판에 버렸다

찔레꽃 향기 코를 찌르던 봇둑
몇 십리 굽이돌던 버드나무 숲길 이제는 사라지고

수리조합 포장길이 가로질러 달리는데
고향에는 덩그러니 선산만
섬처럼 남아 있다.

채송화

안마당 작은 꽃밭에
단발머리 누나 얼굴처럼
앉아 있던 꽃

옹기종기 모여 살던 지난 세월
조각보자기에 접어둔
그리움이
채송화 꽃 속에 배어 있다

호화롭지 않아도
연지 곤지 보다 더 고운 얼굴
그 작은 앉음새로 따가운 햇살 받으며
여린 듯 질기게 품어온 한 살이
환한 그리움 가슴에 피는 꽃.

배롱나무

그토록 긴 침묵으로
화려한 봄날이 가고
꽃들 모두 지고 난 후
배롱나무는 비로소
분홍빛 사랑을 한다

나뭇가지마다 수많은 속삭임이
술렁 바람에 흔들리며
한여름의 시간을
찬란한 꿈으로 끌고 가는 사랑

백일쯤인가
아니면 더 긴 나날을
창연(蒼然)한 그리움이듯 손짓하며
누군가 부르며 피어나는 꽃

배롱나무에는
백일보다 더 긴 세월이
안으로 휘감겨 있다.

노을

지구의 각혈이다
적멸의 시간
소리 없는 불길이 모두를 삼킬 뿐
휘어진 상실의 가슴에
속 아린 독침을 찌른다.

들판에서

지평선 아득한 들판
하늘과 사람이 함께 만든
금빛 파도가 출렁입니다
들판 가득히 펼쳐진 결실의 빛깔은
세상의 무엇보다 더 화려합니다
곡식이 익어가는 것은
계절 혼자만의 사랑이 아니라
간절한 하늘의 손길이 닿았기 때문입니다
보이지 않는 먼 바깥세상에도
아름다운 마을이 있어
들판은 환희와 환상이 가득 차오릅니다.

가로수

불확정시대의 기다림을 뿌리에 묻고
제일 먼저 귀를 열고 거리에 서 보면
어지러운 소음 속에서도
빛은 꺾이지 않고 내려와 나를 깨운다.

꽃이 피고 새가 울고
높은 곳에 매달린 푸른 날개들이
바람에 펄럭이다가 땡볕 내려쬐듯
내 사랑 펼쳐지는 날
하늘에라도 오를 듯 서성이지만
발걸음은 내내 제자리다.

번개처럼 지나는 시간의 불빛과
끊임없이 휘감기는 바람의 어지럼증

얼마나 서 있었을까
하체가 저려오는 통증과 함께
푸른 날개를 접고 땅위에 뒹구는 내 사랑
돌아갈 길 찾지 못하는 황량한 시간에
모든 것 다 숨어버리고 혼자 서 있는 데

스멀스멀 기어오르는 생명의 줄기
다리에 힘을 모아본다.

난(蘭)

사랑은 얼마나 먼
기다림인가
하늘 향해 귀를 열어
햇살 한줌 가슴에 품는다.

빛과 바람과 이슬 더불어
기다려 온 모든 것들이
사유(思惟)의 심연을 만나
고고한 존재의 증표를
빈자리에 가득 채우고 있다.

제3부

긴 휘파람 스쳐가는 시간에

세월

바람이 세월을 몰고 간다
가슴 안에 모래섬처럼 퇴적된다.

유년의 밤하늘 별도 보고
사랑하는 여인과 이별도 보고
순리와 배리를 함께 겪으며
삶과 죽음을 보게 한다

가슴에 숨었다 지나가는 세월
내 안에 돌무덤 하나 놓고 간다.

기다림

어릴 적 읍내 장에 가신
어머니를 기다림은 희망이었다

늦겨울 통학 길에 연착하는 삼등열차
먼 기적소리 더듬던 기다림은 조바심이었다

청춘의 만남이 수줍고 두렵던 시절
쪽지를 주고받던 기다림은 설렘이었다

수술실 환자의 예정시간 밖에서
홀로 기다림은 초조한 색깔의 불꽃이었다

기다림은 언제나 빈 그릇, 찬바람에
얼굴을 묻고 서 있는
이른 새벽 해맞이의 빈자리로 남아있다

긴 휘파람 스쳐가는 시간에

날이 갈수록 몸속에
무엇이 덧붙는지
아니면 무엇이 달아나고 있는지
알 수 없는 상상에 숨이 차오른다.

생체 하나 이루는 세포들의 전쟁
어릴 적 어머니 손을 놓치고
까맣게 울던 기억처럼
오늘 나의 실존은 막막하다.

어디론가 천천히 타들어가는 불꽃
평소 하찮던 것들이
왜 그렇게 또렷이 다가서는 것일까
밤낮으로 깊이 빠져드는 상념
긴 휘파람 스쳐가는 시간에
오늘도 파랑새는 날지 않는다.

생명줄

일생 몇 번 쯤 돌이킬 운명일까
이미 수 시간 전 내 실체는
주사바늘에 꿰어 자력상실의 완충지대에서
몇 번인가 죽음 같은 걸 음미하고 있다

아주 오래 전 모태에서
눈 감은 채 탯줄을 잡고 있을 때
지금처럼 완충지대에서 있었던 것 같은데
탯줄을 끊고 나와 이어진 생명줄은
지금 어디에 매어 있는지 잡히지 않는다.

꿈일지도 모르지만
내가 나를 떠나 허공을 갈등하고
분별없는 시간이 나를 끌고 가는데
주사바늘에서 떨어지는 물방울 멀리
엉뚱한 곳에 생명줄이 매달려 있다.

병실에서(1)

새 한 마리 앉았다 떠난 자리
바람 한줌 스치고
내 손 잡아끌고 가는 시간은
통증에 매달려 있다

얼마나 아픈 현실이
절박한 시간 밖으로 몰아세우며
여생을 다그치고 있는지

아직 버릴 것 다 버리지 못하고
내놓을 것 아무 것도 없는데
걷고 싶은 길
보고 싶은 것
창밖엔 햇살이 너무 좋다.

병실에서(2)

터널 같이 어둡고 긴 밤이 지나고
다시 하루가 일어서는 지점에
지친 눈동자 하나 걸려 있다

어둡던 창가에 햇살이 들어오고
바람 불어 흔들리는 시간을 잡아보다가
하얀 병실 면벽 속에 나를 찾는다

지그시 눈 감으면
모나게 틀어박힌 나이테
지탱하기 힘든 통증이 언어를 침식하고
눌린 무게만큼
아득한 하늘이 동공 속으로 내려앉는다.

수혈

작은 모닥불
꺼져가는 불길인가

한 방울씩 스미는 수혈
혼줄 적시는데

꿈같은 시간은
몽롱한 장막을 드리우고
희미한 초점 하나
아무도 모르게 떠오르는
사유의 한계에 닿는다

붉은 혈액이 한 방울씩
떨어져 몸에 스민다.

이별

한 사람 머물다 간 자리
깊게 패인 늪이 되어
날마다 슬픔이 와 빠져죽는다

산다는 게 뭔지
목숨은 모질다던데

언덕배기 올라 노을 바라보며
몇 번 쯤 인생을 짚어 본다

사랑이란 거 이별인가
이별이란 거 사랑인가
인생이 다 그런 거지
노을조차 허망하게 지는데

그 순간

지워지지 않는 그림자
시계바늘이 폐부를 찌르는 순간
그 질긴 이승의 연을 끊으며
서둘러 가는 당신은 누구신가

불나비처럼 흩어지는 혼불을 잡고
두 손 비벼보지만, 싸늘한 손길
하늘은 비어있고 숨 막히는 시공(時空)
가슴 가득 이가 시리다.

흔들리는 손

살아온 깊이만큼
절망의 뿌리가 땅을 파고 눕는다

마지막 돌아가는 길이
흙인 것을
현기증 일으키는 이별이 너무도 쉽다

구름은 끝도 없이
어디로 흘러가나
삶과 죽음의 문턱을 가리키며
흔들리는 손
무심한 허공을 짚는다.

죽는 연습

창 쪽 병상은 늘 하늘을 볼 수 있기에
병실의 시간이 길어야 그쪽을 점령할 수 있다.

아득한 하늘과 한정된 시계(視界)의 한계상황에서
병상은 아물대는 시간이 늘어지고
사방에서 조금씩 파고드는 무형의 적군들이
주위를 에워싸고 있다

어둠이 내리고 별 뜨는 밤이면
육체의 성은 감내하기 힘든 밤의 무게만큼
침몰되어 가는데
달라붙은 통증은 주어진 시간만큼
죽는 연습을 한다

생사의 길은 어디 있는 것이냐
허공에 매달린 거미줄처럼 간당대는 생명줄이
안으로 도사릴 때 장막처럼 막막한 공간,

어릴 적 수수깡안경 코에 걸고 바라보던
푸른 하늘이 언제나 나를 내려다보고 있는데

떨치지 못하는 질긴 시간을 붙잡고
날마다 죽는 연습을 한다.

묘역에서

비가 내린다
생의 경계가 젖고 있다

누가 여기 있나
여기서 누워 있나

적막한 묘역
기다림도 젖고 있다

하늘 한자락

길게 늘어지던 여름
그 절반을 병실에서 기웃대다가
멈칫 가을 그림자를 만나고
어느새 창밖엔 색다른 바람 한줌
다가와 이쪽을 바라보는데
나무는 벌써 그 발길 알아채고
속으로 붉은 그림자를 품는다.

속절없는 세월 여름 가고 나면
다가오는 계절을 또 만날 수 있을까
두 손 모으며 하늘 한자락
가슴에 품어본다.

달빛 창가에

죽음같이 조용한 달빛이
방안에 들어와 앉아 있다

달빛 젖은 밤이 늘어져
눈처럼 쌓이고
달빛 무게에 눌린 가슴이
아리아리 쓰리다

풀잎 하나 흔들리지 않는
달빛 창가에
오래된 고요가
계수나무처럼 살고 있다.

변인(變因) 우울증

참새 한 마리 둥지에서 훔쳐와
하늘 날기 바랐더니 밤사이 죽어버렸다
읍내 장날 집나간 멍멍이는
영영 돌아오지 않았다
실망과 절망은 유년의 상처였다

세월 아득히 지난 뒤에도
유년의 기억은 내 안에 남아
일상에서 스멀스멀 기어오르다가
어느 날인가 수술실을 거쳐 온 뒤
우울증의 늪이 되고 말았다

알약 몇 개씩 털어 넣으며 몇 날 며칠
내 속을 들여다보아도
갈등만 얼굴을 내밀고 무엇인가 종잡을 수 없다
어쩌다 하늘을 쳐다보며, 절망의 그림자
그 알 수 없는 희미한 시선,
누구의 것인지 찾다가 또 잊고 만다.

꽃잎 지는 날

찬란한 계절
햇살 함께 꽃들 춤추더니
어느새 계절의 틈새에
떨어지는 꽃잎

꽃잎 지는 날
내 몸 여위어 가고
어느 길모퉁이에 서성이는
그림자처럼
흩어져버린 그대 영혼

도시에 어둠이 내린다
꺼지지 않는 불빛이 점멸한다.

거미줄

허공인 듯 떠 있는 성근자리
얼마나 간절한 소망을 걸어놓았기에
실핏줄보다 더 가는 선을 느리고 있느냐

바람에 끊어져 처질 듯 흔들리다가
때로는 탯줄보다 질긴 생명의 무대로
존재의 구도를 설정해가는 그물망

밤낮으로 잡히지 않는 공간에서
하늘과 땅을 연결해 놓고
누구를 기다리는지
스스로 엄숙한 시간을 지키고 있다.

새벽

깊게 패인 어둠 속에
잠들지 못하고 서성이며
허망한 세월 헤아리다 지우고,
어둠의 통증 반추하다
통증의 어둠 밀어내기 또 밀어내기
면벽의 시간이 길다.

태초 말씀이 있었으니
말씀 위에 얹어놓은 삶이
마침내 신비롭고 아득하다

밖에는 서슬 푸른 시선이
지켜보고
깊은 호흡으로 시린 빛살
아프게 트이고 있다.

봄은 수런대며 일어서는 부활

가랑비 내리고
잔바람 불고
봄은 수런대며 일어서는 부활

흐드러지게 피는가
그 찬란한 서슬에 찔려 가슴 앓는가
부활의 사제들이여

제4부

우울증

우울증

쾌속 질주하는 삶의 기술과
앞질러 생성되는
욕구불만의 상처

혼돈 속에 갈등은 뿌리박고
내 안에 우울증 하나 자리잡는다
영악한 질서는 자폐증을 앓는다

갈수록 날이 서는 일상에 부딪쳐 보면
가까운 주변에 사람은 없고
생기는 늘 어두운 곳에 숨어 있다

악몽

밤마다 질식되어 죽는 꿈을 꾼다
우연찮게 내 손에 잡혀 죽은 장닭의 혼령이
목을 조르는지도 모른다.

생명은 다 마찬가지
어찌 네 편만 위해 사느냐고 대드는 걸까
다른 목숨 쉽게 끊어져도
내 편에 득이 되면 그만인데

꿈을 깨면 혼자뿐이다
다시 눈을 감고
어떻게 살까 생각해 본다
햇살이 창틈으로 기어든다.

구내염(口內炎)

입안에 염증이 심하다
얼마나 험한 말만 해대고 살았으면
이지경일까
세상 미운 놈 고운 놈 가리며 살 처지도 아닌데
내 입은 갈수록 험해지고 있다

하기야 누구에게 돌을 던지랴
돌아서면 눈 흘기는 사람
뒤통수에 주먹질 하는 사람 왜 모를까만
미운 놈은 미운 놈이다

숫제 배반을 했다거나 간통을 했다거나
부당 권세를 부렸다거나 하는 놈보다
간교한 놈이 더 밉다
겉으로 웃으며 속으로 칼을 품는 놈이
더 무서운 법이다

나는 얼마나 미운 놈일까
그래, 구내염 떠날 날이 없는 걸까
내가 왜 사는지 아직도 모르고 산다.

마네킹

언제부터 지켜선 자리인지 기억조차 아득한데
마주치는 사람마다 수많은 대화를 나누지만
결과는 독백일 뿐 되울림이 없다.

번거로운 세상 때로는 번득이는 기지를 발휘하여
남들보다 앞서가는 변신을 해보지만
실제는 앞선 만큼 뒤지고 있음을 확인할 때
내심의 갈등은 허망으로 달릴 뿐이다

쌓이는 시간만큼 독백은 길어지고
눈물이 나도록 웃어나 볼까
가슴을 상실한 마네킹은
마침내 선채로 실어증에 시달린다.

풀잎배

강가에 앉아 무심코 있다가
풀잎배 하나 물에 띄운다
강물은 흘러서 어디로 가는지
풀잎배는 물결 따라 함께 흘러간다.

바람이 조금만 불어도 흔들리는 배
혼돈의 방향은 현기증을 일으켜도
강물은 쉬지 않고 흐른다
멀고 긴 물결 위 어디쯤 가다
풀섶에 걸릴까, 멈춰 서버릴까
반짝이는 햇살 싣고
밤하늘 별빛 싣고 영원히 흘러갈까

무심코 흘러가는 강물과
그 물결 따라 마음도 떠나간다.

풀잎을 위하여

베란다 구석에 버려졌던
빈 화분 하나
침묵으로 한 해를 보냈는데
아무도 모르게 숨어 있던 풀씨가
봄 하늘을 열고
찬란한 부활을 시작했다.

긴 시간 흔적 없던 그 작은 씨알이
겹겹 파고드는 갈증 견디며
봄을 어찌 예감하며 살았을까.

흙을 갈고 작은 꽃나무 심으려던
지난겨울의 계획은 잔인한 것이었다.

손톱만한 풀잎 하나 둘
한 모금 물을 주는 일 밖에
내가 할 수 있는 일 아무 것도 없다.

비눗방울

비눗방울에 내 얼굴이 투영되어
하늘로 떠간다.
유년의 가슴에 품었던 희망도 담기고
상처 난 가슴도 함께 박혀
떠 올라간다.

희망을 불어넣어
둥실 떠가는 비눗방울
바람 타고 빙빙 돌다가 꺼지기도 하고
다시 불면 줄줄이
방울져 떠가는 찬란한 꽃구름이다가
순식간에 모두 꺼지고 나면
세상은 아무 흔적도 없다.
빈 하늘만 남는다.

놀이터에서

어린이놀이터에는
이른 봄 돋아나는 새순처럼
귀여움이 산다
신명나는 즐거움이 산다

아파트 그늘이 내리는 오후
무엇이 그리 재미있고 즐거운지
깔깔대며 떠드는 아이들의 목소리
산울림처럼 퍼지고
새소리보다 더 맑게 울린다.

이렇게 좋은 날

누구 없을까
첫사랑 같은 대낮이다

사방엔, 별처럼 영롱한
꽃들의 눈동자
초록 바람에 실려 오는
새들의 아우성
가슴 속까지 밀려든다

무엇을 볼까
무슨 소리 들을까
하늘이 손에 잡힐 듯
이 짙은 봄날에
촉촉한 경건(敬虔)의 숨결
가슴 깊이 마신다

봄

찔레꽃 창백한 얼굴이
가슴 파고들던 어린 시절의 봄
띠풀뿌리 캐어 씹으며
봄 햇살 휘감고 둑방을 뒹굴다
하늘을 보았다.
아득한 하늘이 빙빙 돌았다.

햇살은 황량했던 들판을 푸르게 하고
빈자리마다 풀꽃이 피게 했다
보리밭 푸른 물결은 아득히 흔들리고
투명한 햇살 뒤 숨은 그림자
봄날은 가난한 민들레처럼
끈질기게 피고 있었다.

산방산(山房山)에서

언제 끊어질지 모르는
시간을 끌어당기며
팽팽한 일상을 쌓아올리다가
산과 바다, 유채꽃 망망한
산방산에 오른다.

뭍에는 아직 봄이 이른데
산방산 근처는 풀어헤친 봄이 가득하다.

풋바람 냄새 끝도 없는 바다
짙푸른 생명의 조각들이
햇살 번득이며 일어서고
모든 것 다 활기찬 숨결인데
짐짓 스치는 세월은 왜 허망한가
산방산 오르니
산이 더 멀어진다.

새타령

푸른 하늘을 푸르게 난다
푸른 바다를 푸르게 난다
푸른 가슴을 푸르게 난다

훨훨 마음도 함께 날고 싶다
훨훨 소망도 함께 날고 싶다
훨훨 일상도 함께 날고 싶다

새가 새가 날아든다
온갖 날개 퍼득인다
가슴 둥둥 떠다닌다

별

이승 떠난 사람
밤하늘 별이 되었네

반짝이는 별의 눈
마주칠 수 있을까

한 살이 모두 끝나면
나도 밤하늘 별이 되겠지

별 하나 나 하나
별 둘 우리 둘

뒤뚱뒤뚱 별 보러 밤길 나선다.

가을 언저리

가을이 무거운 짐 내려놓고
훌훌 떠나간다
봄부터 야무지게 생명을 이어온
은밀한 언어들이
모태를 벗어나는 아픔을 안고
새로운 빛살로 길을 떠난다

누구의 혼불이 타고 있는 것인지
붉은 상채기 피 배이도록 서 있는 자리
한번쯤은 사랑이 있었고
희열과 행복 같은 걸 알게 했는데
지금은 아무도 탓할 수 없는
쓸쓸한 바람과
누군가 숨겨놓은 순환의 신비에
역설적 순리 따라 길을 가고 있다
수많은 생각의 잎들이 떨어지고 있다

산문(山門)에서

연둣빛 사랑 가슴을 파고들던 산자락
나뭇잎 떨어져 땅 위에 눕는다

차가운 바람이 불고
가을은 다시 어디론가 떠날 채비 서두는데

말없이 산문에 서서
들어설까 나올까 망설이다

함께 갈 세월의 뜻 물어본다
문턱에 선채 답을 기다린다

눈이 내리네

눈이 내리네
가슴에 쌓이네

하얀 나비네
펄럭이는 깃발이네
어머니 얼굴이네
고향집 담 밑에 묻어둔
유년의 그리움이네

자욱한 눈사위
지붕위에 골목길에
세상 모든 것 다 끌어안고
얼굴 비비네

눈이 내리네
어머니 나라에서
별이 내리네

전라도 길

곰소포구 먼 발치 날고 있는 갈매기
바닷내 맡으며 하룻밤을 묵다가
불현 듯 발길 돌려 선운사를 찾았더니
뒷산 동백은 벌써 다 지고
선운사 동구 시비만 바람을 맞고 서 있더라

국화 허리 부러지면 서리꽃 피고
눈발 푸더기다 피어나는 동백
꽃은 피고지고 세월은 가고
막걸리집 육자배기도 전설이 되고 말았으니
전라도 길 무슨 인연으로 다시 또 오랴

젊은 날 지났던 길 다시 걷느니
외진 길 한번쯤은 혼자서도 걸어볼 일
동백꽃 흘리고 간 눈물 탓인가
선운사 전라도 길 한없이 멀다

제5부

외출기

외출기

봄 햇살 파편이듯 가슴에 꽂혀
집을 도망쳐 나와
버스로 세 시간쯤 달려
깊은 산 중턱 올랐네

천지가 연초록, 나무는 나무대로
풀은 풀대로 푸르름을 다투는데
문득 낯선 곳 바람결에
어머니 얼굴이 보이고
먼저 간 집사람이 따라오고 있었네

풀냄새 초록냄새
한 발짝 기어오르는 산허리
하얀 싸리꽃 환하게 웃고 있네

문학기행

번다한 일상 훌훌 털고 문학기행을 떠난다.
산천은 벌서 가을이 깊어
거둬들일 것 내려놓을 것을 가리며 변해가는 데
통영 박경리 묘소를 찾아 참배하고, 흙으로 돌아간
토지의 주인과 민초의 생존사를 반추해 본다.

통영 지나 거제시 둔덕면 방하리,
여기서 대를 이어 살았다는 청마(靑馬)는
생가 바로 앞에 병풍 같은 시비를 펼쳐놓고 서 있다
기념관에서는 그를 더욱 가까이에서
촘촘히 다시 만날 수 있어 부럽고 행복했다

해가 벌써 뉘엿뉘엿 저무는 시각에
몽돌해변을 거닐며 늦가을 바다를 본다
바다는 물길 쓸릴 때마다
작은 몽돌들이 서로 부딪쳐 제 몸을 깎으면서
흐느끼는 소리가 속 깊은 곳으로 파고든다.

산객(山客)

진달래 불길 산을 넘고
빼꾸기 혼자 우는데

봄인가 성큼 여름인가
나뭇잎 저마다 손짓하고

산객은 혼자 길을 떠난다
산속에 든다.

꽃

비 바람 진눈깨비
속으로 품으며
내밀한 진통으로 터지는 흔적

긴 시간
지켜선 자리에서
먼 하늘 환하게 만나고

불같이 피어난
생명의 정수리에
주문(呪文) 같은 시를 새긴다.

산수유

행여 누가 찾아올까
앙상한 몸에 햇살 품으며 기다렸더니
산수유 눈 비비며 일어서고 있다

어느덧 봄날은 지긋이
살아있음을 깨닫게 하고
오묘한 섭리와 노란 눈망울,
손에 잡히지 않는 사랑이
내 품에 살아왔을까, 들여다본다

산수유 노란꽃 바라보며
지나는 바람결에
가슴이 부종(浮腫)처럼 저려오는 까닭을
봄날은 알까, 물어본다.

꽃길에서

꽃잎 밟으며 사월의 끝자락에 서면
이별하는 영혼을 만난다
긴 기다림의 우울증을 벗고
눈을 뜬 꽃들은 찬란한 꿈을 피웠는데
어느새 봄은 길 위에 꽃잎 뿌리고
잡을 수 없는 그림자가 되어 지나가고 있다

바람 불어
투명한 영혼은 쓸려가고
상채기로 남은 꽃잎과
기다림을 지켜온 시간들이
서로 바람이 되어 흔들리다가
이제는 꽃들의 눈물이 파고 든 가지마다
연둣빛 잎새가 얼굴을 내민다

이팝나무

하늘에 귀를 열고
찬바람 겨울을 이겨낸
이팝나무

푸른 오월 온몸에 눈꽃 얹어놓고
학춤을 추고 있다

잔잔한 바람결에도
쏟아질 듯 흔들리는 가냘픈 몸짓

푸른 꿈 한가운데 서서
흰 눈 같이 순결한 사랑을 품는다.

일몰

해 그늘
잦아드는 하루 그림자

저무는 하늘에
새 한 마리 바삐 날고

짐을 진 발길이
무겁게 산을 넘는다

목척교 연가

완행열차 늦은 밤을 싣고 길 떠나고
희미한 가로등 불빛아래
목척교는 유행가를 부르며 서 있었다
르네상스다방이 있고 중국집 회영루가 있고
큰길에서 한 발짝 골목으로 들어서면
외인부대 막걸리처럼
헐값에 취할 수 있는 세월이 있었다.
술잔 기울이다 주점에서 밀려나면
목척교 둑방에 앉아 담배 파랑새를 날리며
시건방진 문학담론과 인생론에
설익은 격론은 있었어도 미운 놈은 없었다
추억 속에 묵은 둥지 틀고 아련히 매달리는 목척교,
세월이야 흐르는 물처럼 흘러갔어도
때 묻은 정이야 모두 흘러갔을까

어느 날 천변에 높은 빌딩이 서고
화려한 상가가 문을 열 때
그것이 커다란 발전인 줄만 알았지
냇물에서 붕어 메기 기름쟁이를 잡다가
겨울이면 썰매를 타던 옛날은

가난의 상징으로만 착각하고 살았으니까
강산은 몇 번 쯤 변한 것인가

백발 휘날리는 바람결 목척교는 불빛 찬란히 빛나고
춤추며 뿜어올리는 물줄기 하늘 가깝다 해도
아 아련한 세월아
목척교는 그저 목척교로 서 있어야 좋다
불빛도 물빛도 여기서 빛나야 좋다.

산으로 들며

굽이굽이 몇 번을 돌아
숨 차오르도록 오르는 산은
푸르름 이가 시린데
숲에 가려 하늘이 키만큼 낮아진
산길은 산길을 따라
길게 누워있다

나무가 그림자 되고
그림자 나무가 되는
이 깊은 산에서
살아온 길 얼마쯤 멀리 온 것일까
산으로 들며 나무 향 푸르다 해도
오늘은 숨결, 벅차고 외롭다.

수통골 일기

버스종점 수통골에 가면
숲속에 숨었다 기어나오는 바람과 어울려
풀꽃이 흔들흔들 웃는 얼굴 내민다

신열과 두통을 끄기 위해
진통제를 상비하는 일상을 벗어나
여린 목 늘이고 하늘 향해 발돋움하는
풀꽃들의 얼굴을 보며
푸른 허공 한번 여유롭게 바라본다

바람과 풀꽃과 햇살과 숲길과 어울려
때 묻은 일상의 옷을 벗는다.

이사를 하며

봄비 내린 뒤 환하게 꽃이 핀 날
일상을 등에 지고 이사를 한다.
책도 버리고 늙은 가구도 버리고
정든 이웃도 밤하늘 달과 별도 버리고,
그렇게 버린 것들이 적지 않은데
아직도 짐은 가볍지 않다

가솔과 함께 이사를 다닌 지
적지 않은 이력이 쌓여 있지만
나이 들어 편한 것만 찾다보니
사방이 면벽으로 서 있는 아파트단지
어디를 가나 마찬가지다
아득히 트인 하늘이나 바라볼 뿐
풀 한포기 가꿀 내 땅이 없다

유년시절 아래채 울타리에 기대어
고운 햇살 받으며 남새밭을 가꾸던 추억
어이 담을까, 그리움이 너무 뜨겁다.

고추잠자리가 있는 풍경

한 계절 끝자락에
고추잠자리 하늘을 난다

붉은 하늘에 이따금씩
살랑 바람 불고

날개 펼쳐진 끝에
하늘이 펄럭인다.

코스모스

구름, 어디론가 흘러간다
누구의 아린 가슴
구름 속에 흔들릴까

계절이 내미는 차가운 손
떨치지 못한 외로움
코스모스는 목을 빼고 구름을 본다

길가에 서성이며
슬픔도 그리움도 함께 흔든다

가을 잔영

가을 햇살의 잔영
그마져 거둬가는 하루는 짧다
안마당 바깥마당
가을 잔해가 누워있고
지금쯤 빈들엔 허무가 지나겠다.

계절은 어찌 그리 쉽게 바뀌는지
무성했던 여름은 가을 속으로 숨어버리고
손끝엔 찬바람이 시리다

늦은 햇살은
마른 꽃대궁에 걸쳐 있다가
툇마루 위 잔영이 꺼지고 나면
엷은 그늘이 어둠과 함께 내리고
사념은 문 열고 안으로 들어와
날이 밝기 까지
긴 침묵의 시간을 맞는다.

마지막

막차가 떠나고 나면
길은 끊긴다.

꽃잎 떨어질 때
마지막 가는 봄은
이별의 계절을 다시 만난다

일 년이 마지막 함몰하는 날
찬란한 하루가 바다에 빠져죽는
해넘이를 바라보며
어둠을 기다린다, 새날을 기다린다.

한밭수목원

대전 만년동에 한밭수목원이 있다
목본류 초본류 수 천 종이 함께 사는
십이만 평 숲의 도시다

큰 나무 작은 나무 서원에서 동원으로
초목 어우러진 유실수원 장미원 아로마향원
단풍나무원 관목원 암각원 수변식물원
생태연못이 조성된 공원에는
신비로운 자연이 사계절을 품고 산다.

꽃 피고 꽃 지고
초록 생명들이 내뿜는 초록냄새
초목이 붉게 물드는 계절이나
대지가 눈에 덮이는 날에도
한밭수목원은 변화하는 생명의 순환과 함께
삶을 앞질러
차분히 순리를 일깨운다.
일상에 지친 사람들 품어주는 숲길
느릿느릿 유순한 얼굴들이 별처럼 박혀있다.

▣ 평설

사랑, 그 별빛과 가슴 속 빈자리의 울림

김용재

시인, 대전문인총연합회장

국제계관시인연합(UPLI) 한국회장

Ⅰ.

브라우닝(Robert Browning:1812-1889)은 용기있게 인생을 살면서 그 인생이 즐거운 투쟁임을 실증해 준 시인이었다. 그러나 그의 작품 인물인 애브트 보글러(Abt Vogler)가 단언하듯이 투쟁의 무대인 지상에는 불완전한 호(弧)가 있고 천국에는 완전한 원(圓)이 있는 것이었다.(On the earth the broken arcs; in the heaven, a perfect round.) 그의 인생은 그래서 불완전한 지상에 살면서 천국에 이르는 투쟁이었다고 말해도 될 것이다. 투쟁의 무기는 사랑이었고 사랑은 최상(Love is best)으로 그의 인생을 지배하는 것이었다. 그의 시집 *Men and Women* 중 노래시 개념의 좋은 실례가 되는 「나의 별」을 통해 또 하나의 사랑의 속성을 탐구해 본다.

내가 어떤 별 하나에 대해
알고 있는 전부는
그 별이 (마치 각진 氷洲石처럼)
때로는 붉은 창을
때로는 푸른 창을
던질 수 있다는 것이다;
그때 나의 친구들이 자기들 역시
간절히 보고싶다 말을 한다.
붉은 창과 푸른 창을 연달아 던지는 나의 별!
그러면 나의 별은 새처럼 정지한다, 꽃처럼 접히어 매달린다:
그들은 스스로 내 별 위의 토성으로 위안해야 한다.
그들의 별이 하나의 세상인지 아닌지 나에게 무슨 문제랴?
나의 별은 나에게 자신의 영혼을 펼쳐주었다;
그러므로 나는 그 별을 사랑한다.

-「나의 별」 전문

All that I know
Of a certain star
Is, it can throw
(Like the angled spar)
Now a dart of red,
Now a dart of blue;
Till my friends have said

They would fain see, too.
My star that dartles the red and blue!
Then it stops like a bird; like a flower, hangs furled:
They must solace themselves with the Saturn above it.
What matter to me if their star is a world?
Mine has opened its soul to me; Therefore I love it.

- 「My Star」

이 시는 시인이 알고 있는 어떤 별 하나에 대한 이야기이다. 그 별은 결을 따라 일정한 방향으로 빛을 발한다. 별은 한눈을 팔지 않는다. 부정한 마주침에는 새처럼 중지하고 꽃처럼 오무린다. 누구든지 그것을 탓할 사람은 없다. 지순한 사랑이므로 상황에 따라 별은 붉은 빛을 또는 푸른 빛을 발한다. 그 빛은 영혼과 같은 것이다. 그 섬세하고 찬란한 빛을 심어주고 그러한 영혼의 세계를 열어 준 것이 별이다. 그러므로 그 별을 사랑한다. 그 사랑은 영원히 반짝이고 나의 별이 되는 것이다.(하략)

《문화한밭》 제11호 (2003.11.8.)

인용문을 길게 앞세웠지만, 필자가 《문화한밭》 제11호(2003.11월) 영시감상편에 브라우닝의 「나의 별」을 소개한 앞부분이다. 브라우닝의 입장에서 본 '나의 별'은 곧 '나'에게 영혼을 펼쳐준 별이고 그래서 '나'는 그 별을 사랑한다. 다른 의견들도 있지만, 이 빼어난 작품에 나타난 별의 상징을 여성으로 간주해보면 그 별이 곧 자신의 아내임을 쉽게 알 수 있다. 비교해서 최송석 시인의 시집 표제시를 보자.

사랑은 가슴 안에 둥지 틀고
우주로 향하는 동경(憧憬)이다

하얀 화선지 위에 물감 번지듯
사랑은 마음속에 번지는 핏줄이다

사랑은 참담한 절망에서나
뼈저린 고통에서나
눈물 맺히는 희열에서나
생명으로 흐르는 원류가 되어
속으로 파고드는 전율 같은 것

사랑은 아무런 형체도 없이
어둠을 딛고 일어서는 밤하늘 별빛이다
-「사랑은 별빛이다」 전문

이 시에서는 먼저 시인의 사랑의 일생을 읽을 수 있다. 마음이 팔리어 못내 그리워하고 생각을 키우던 동경의 시절, 혈통으로 이어지는 핏줄의 시절, 절망과 고통과 희열속에서 생명의 원류로 흐르고 그 원류가 다시 두려움과 떨림으로 바뀌던 시절이 그것이다. 그런데 제3연에서 나타난 전율의 시절에는 사랑의 이상이 생겨난 것이다. 사랑의 이상이란 다름아닌 배우자의 죽음인 것이고 그 죽음이 곧 속으로 파고드는 전율 같은 것이다. 그래서 배우자의 애칭인 사랑은 아무런 형체도 없이, 그러나 어둠을 딛고 일어서는 밤하늘 별빛이 된 것이다. 사랑은 죽음으로 끝나는 것이 아니라 밤하늘 별빛처럼 시인의 마음속에 살아있는 것이다. 사랑은 또한 별빛이 되어 가슴속 빈자리에 울림을 주고 있는 것이다.

브라우닝의 별이 시인의 영혼을 펼쳐준 사랑하는 연인(아내)이 되어 있다면 최송석 시인의 별빛은 어둠을 딛고 일어서는 사랑인 것이다. 비교해볼 때 브라우닝의 별은 별의 행위를 통한 상징체계로서의 아내를 연상해 볼 수 있는 것이고 최송석 시인의 경우는 사랑=별빛이라는 메타퍼를 통해서 동일시의 아내를 생각케 한다.

우리의 인생을 비추는 독특한 미와 매혹을 지닌 연인(아내)이 곧 나의 별(별빛)이라면 그 별은 "//별 하나에 추억과/별 하나에 사랑과/별 하나에 쓸쓸함과/별 하나에 동경과/별 하나에 시와/별 하나에 어머니,어머니//"하고 외치던 윤동주의 「별 헤는 밤」으로 확산되어도 좋을 것이다.

상배(喪配)의 슬픔을 떼어낼 수 없는 인생무상의 현실적 감정 속에서 시인이 이 시의 표제를 고집한 것도 시인의 가슴 내면을 읽을 수 있는 단서로 작용할 수 있을 것이다.

II.

최송석 시인은 이미 고인이 된 박희선, 박재삼 시인의 추천으로 《시와 의식》신인상을 받으며 등단 절차를 거쳤지만 대학의 정통한 국문학도 시절부터 동인활동을 시작하였고 1978년부터는 호서문학회에 입회하여 시심을 갈고 닦아왔다. 그동안 발행한 시집은,

1988. 『그림자를 위한 향연』
1993. 『풀빛바람 곁에서』
1998. 『이올리안하프가 있는 창가에서』
(권천학 - 김용재 - 박영규 - 장덕천 - 최송석, 5인시집)
2003. 『우리는 절망을 탄핵할 수 없다』
2012. 『사랑은 별빛이다』

등, 공동시집을 포함하여 다섯권에 불과하다. 과작인 셈이다. 그러나 우리 문단에서 다작이나 과작이 시인의 척도나 우열을 판단하는 기준이 되는 것은 아니다. 작품이 곧 시인을 말하고 작품이 곧 시인의 작품세계를 말한다. 그런 작품을 찾아보기로 한다.

먼저, 처음 살펴본 대로 상배의 슬픔을 사랑과 별빛으로 치유한 「난」「별」「외출기」 등을 주목할 필요가 있고 「모음」「초상화」「눈이 내리네」「고향에는」등 어머니 또는 아버지에

대한 혈육의 정을 형상화한 작품도 주시의 대상에서 멀리 할 수는 없을 것이다.

다음은 시인 자신에게 몰려온 아픔에 대한 주제들이 정신세계의 통증으로까지 상승되고 있음을 꼭 살펴야 할 것이다.「이명」「베란다에서」「몸살을 앓으며」「봄날은 간다」「긴 휘파람 스쳐가는 시간에」「생명줄」「죽는 연습」「하늘 한 자락」「변인 우울증」등 이 계통의 다양한 시편들을 볼 수 있을 것이다.

까만 어둠에 잠겨
허기진 욕망이 울고 있다
-「이명」부분

지붕위엔 스무하루 야윈 달이
제 몸을 저미며 걸쳐있다
-「베란다에서」부분

깊은 호흡으로 시린 빛살
아프게 트이고 있다
-「새벽」부분

이제는 꽃의 눈물이 파고든 가지마다
연둣빛 잎새가 얼굴을 내민다
-「꽃길에서」부분

기다림은 언제나 빈 그릇, 찬바람에

얼굴을 묻고 서 있는

이른 새벽 해맞이의 빈 자리로 남아있다

-「기다림」 부분

비교적 우수한 표현들인데 아픔을 새기는 시심의 형상화는 아픔의 정도에 따라 이루어지는 것이 아니라 아픔을 이기는 정신의 상승작용이 시심의 빛남으로 이어져야 한다는 것을 알려주는 듯하다. 병원치료를 받으면서 병적 자극에 의해 시심이 발동한 것이 아니라 시심의 발동에 의해 병적 자극을 완충할 수 있는 것이 시인정신으로 더 빛나는 것이리라 또한 짚어볼 수 있을 것이다.

III.

이 시집을 더 빛나게 할 작품은 「만년필」 「가을이미지」 「노을」 「가로수」 「병실에서(1)」 「병실에서(2)」 「우울증」 「구내염」 「수통골 일기」 등이 될 것이다. 독자들은 물론 이 말을 믿지 않기를 바란다. 내 눈으로 보고 내 가슴으로 읽는다는 주체의식을 바라는 마음에서다. 이제 위에 제시한 아홉편 중 몇편을 더 살펴보기로 한다.

구절초 하얀 흔들림
바람에 뒤섞이고

저 석양, 온 세상에
제 삶을 태우는데

내 사랑 나이 들어
눈물 잊고 익을까
-「가을이미지」 전문

6행에 불과한 단시이지만 가을과 사랑, 또는 자연과 인생의 비교개념으로부터 자연동화의 소망이나 반의적 감정들을 모두 읽을 수 있어 큰 울림으로 와 닿는다. 하얀 구절초가 바람에 흔들리는 자연스런 모습을, 하얀 흔들림이 바람에 뒤섞인다고 한 표현은 흔들림과 바람의 동일 이미지를 뒤섞인다는 동사로 각각의 조화를 이루어 낸 것이다.

석양은 마지막까지 능동적 제 삶을 불태우며 온 세상에 현란한 정채(精彩)를 밝히고 있는데 이 모습과 비교해본다면 나이든 내 사랑은 어떤 것인가? 시인은 먼저 그 의문에 사로잡혀 있었을 것이다. 그리고는 여러 궁리 끝에 '눈물 잊고 익을까'라고 했을 것이다.

바람에 뒤섞이어 노는 구절초의 사랑, 제 삶을 태워 세상에 현란한 빛을 뿌린 저 석양의 사랑을 그리며 내 사랑이 눈물 잊고 원숙해질 수 있을까, 의문을 제기한 시인은 이미 순수의 시의 열매를 딴 것이라 생각한다. 물론 사랑이 익기 위해서는 눈물을 동반하지 않을 수 없다는 의미의 시심을 옹호할 수도 있을 것이다. 다음 시를 보자.

지구의 각혈이다
적멸의 시간
소리없는 불길이 모두를 삼킬 뿐
휘어진 상실의 가슴에
속 아린 독침을 찌른다

-「노을」 전문

여기 「노을」은 최송석 시인의 극한적 사물 인식, 그 절정에 와 있는 작품이다. 앞의 「가을 이미지」에서 석양을 '온 세상에 제 삶을 태우는' 능동적 또는 긍정적 정채의 대상으로 본 것과는 판이하게 다른 또 하나의 노을(석양과 유사 또는 동일 이미지로 봄)을 볼 수 있다는 것은 놀라움 그 자체이다.

이시에서 노을은 지구가 피를 토하는 것이고, 모두를 삼키는 소리없는 불길이고, 마침내 독침을 찌르는 살인행위자로 돌변한다. 그것도 불생불멸, 해탈의 경지에 든 적멸(寂滅)의 시간, 상실의 가슴 속에 가하는 잔인한 살인행위인 것이다.

주요한의 「불놀이」에서 본 '서편 하늘에, 외로운 강물 위에, 스러져 가는 분홍빛 놀'이나 공중인의 「낙조」에서 본 '몸부림

치는/화려한 절망'이나, T.S. 엘리어트의 「프루프록의 연가」에서 본 '수술대 위에 에테르로 마취된 환자처럼/ 하늘에 퍼지는 저녁놀'이나, 그 어느 것도 최송석 시인의 노을처럼 그렇게 급박하고 처절한 시심을 들어낸 작품은 아직 읽지를 못했다. 그러면 노을은 무엇인가? 또는 누구인가? 생각해 볼 수 있을 것이다. 쉽게 유추할 수 있는 것은 세월-중압의 세월-죽음을 몰고 오는 세월, 또는 일반적 통칭의 염라대왕 같은 존재가 될 것이다. 이런 존재가 시인을 압박한 것이고 시인은 연륜인식과 지병의 현실을 투쟁하듯 운용하고 있다는 생각을 하게 된다.

인생의 가시 위에 쓰러져 피를 흘린다(I fall upon the thorns of life! I breed!)는 셸리적 세월을 인식하는, 낭만적 고뇌의 극치가 이 시에도 새겨져 있다는 것을 또한 알게 되면 시인의 아픈 가슴에 위안의 경건함을 보내드릴 수 있을 것이다. 「우울증」은 어떤가?

> 쾌속 질주하는 삶의 기술과
> 앞질러 생성되는
> 욕구불만의 상처
>
> 혼돈 속에 갈등은 뿌리박고
> 내 안에 우울증 하나 자리잡는다
> 영악한 질서는 자폐증을 앓는다

갈수록 날이 서는 일상에 부딪혀 보면
가까운 주변에 사람은 없고
생기는 늘 어두운 곳에 숨어 있다

-「우울증」 전문

여기 「우울증」이란 작품을 보면 오늘의 우울증이 현대인의 일반적 경향의 병처럼 느껴진다. 특히 나이 든 사람의 경우는 이 우울증에 대한 공감의 폭이 넓고 깊이는 심오한 것으로 여겨진다.

우울증은 정신병의 하나다. 근심 걱정이 바탕이 되고 마음과 몸이 침울하고 무거워 명랑하지 못하고 번민과 무능감을 안고 살아간다고 한다. 오래가면 염세, 자살기도 등의 증세가 심화된다고 한다. 시에서 볼 때, 혼돈 속에 갈등이 뿌리박고 있는 것처럼 내 안에 자리 잡고 있는 이 우울증은 쾌속질주 하는 삶의 기술과 이에 대응하지 못하는 욕구불만에서 시작된다. 영악한 질서는 자폐증을 앓는다. 내 삶의 활력소가 되는 생기는 내 안에 있어야 할 텐데 늘 어두운 곳에 숨어 있다. 정신병으로서의 우울증에는 원인과 증세와 처방법이 나올법한데 이 시에서 그런 것은 아무것도 없다. 나의 우울증세로 현실의 삶과 사회현상을 짚어본 비유법이 시의 품격을 상승시키고 있을 따름이다. 「구내염」을 또 살펴보자.

입안에 염증이 심하다

얼마나 험한 말만 해대고 살았으면
이지경일까
세상 미운 놈 고운 놈 가리며 살 처지도 아닌데
내 입은 갈수록 험해지고 있다

하기야 누구에게 돌을 던지랴
돌아서면 눈 흘기는 사람
뒤통수에 주먹질 하는 사람 왜 모를까만
미운 놈은 미운 놈이다

숫제 배반을 했다거나 간통을 했다거나
부당 권세를 부렸다거나 하는 놈보다
간교한 놈이 더 밉다
겉으로 웃으며 속으로 칼을 품는 놈이
더 무서운 법이다

나는 얼마나 미운 놈일까
그래, 구내염 떠날 날이 없는 걸까
내가 왜 사는지 아직도 모르고 산다.

-「구내염」 전문

구내염(口內炎)은 입안에 염증이 생기는 병이다. 뜨겁게 느껴진다거나 짜릿짜릿하게 느껴진다거나 하겠지만 일단은

화끈거리고 아프다. 시인의 경우는 증세가 심하다. 그러나 처음부터 '얼마나 험한 말만 해대고 살았으면/이 지경일까'하고 자학적인 의문을 제기해본다. 그리고는 대인관계에서의 자기진술로 이어진다. 자화상인 셈이다.

시인은 구내염의 내 입이 갈수록 험해지고 있지만 아무래도 미운 놈은 미운 놈이고, 간교한 놈은 더 밉고 겉으로 웃으며 속으로 칼을 품는 놈은 더 무섭다고 말한다. 시인의 구내염은 이런 놈들과의 싸움에서 생겨난 것이다. 아직도 왜 사는지 모르고 산다고 하지만, 구내염과의 싸움에서 이기려고 산다 하면 후련하지 않을까? 시종 서술로 일관한 듯 하지만, 구내염이 자화상으로 발전하는 간접기법의 시의 묘미를 이 시에서 다시 맛볼 수 있다는 것은 큰 기쁨이 아닐 수 없다.

IV.

줄인다. 시인을 가까이 한지 어느덧 40년이 된 듯하다. 근시안이 되었지만 객관적으로 보려고 나름의 노력을 했다. 돌아가신 사모님 생각이 살아났고, 야석 박희선 시인, 운장 김대현 시인, 두 분 선생님이 오버랩 되어 잠시 명복을 비는 시간을 갖기도 했지만 무슨 공상 같은 것은 열심히 떼어냈다. 앞쪽에서 미리 할 말을 다듬었지만 '사랑, 그 별빛과 가슴 속 빈자리의 울림'은 시를 읽고 시인을 다시 보는 화두로 삼고 싶을 따름이다. 아울러 요절한 셸리(Percy Bysshe Shelley:1792-1822)가 인식하던 낭만적 고뇌의 극치, 그 감정도 울림으로 조화를 이룰 것이라 믿고 싶을 따름이다.

비유법이나 상징법 등 간접기법으로서의 시의 기능이나 품격을 높인 것은 좋은 시를 읽는 기쁨으로 발전을 했다. 시의 가치를 상승시킨 보람일 것이다.

시집 『사랑은 별빛이다』 출간을 진심으로 축하드리며 오래오래 건강하시길 빈다.